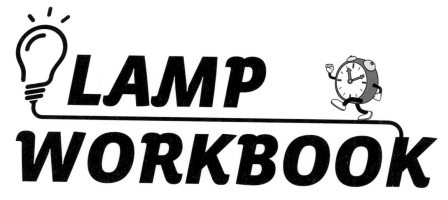

LAMP WORKBOOK

PART 2 TE Time management Enhancement Program

시간관리 능력 향상 프로그램

박동혁 저

KB124577

학지사

만일 우리가 사막 한가운데 홀로 남게 되었다고 생각해 봅시다. 당장의 생존을 위해, 물, 음식, 잠자리를 찾아 헤매게 될 것입니다. 하지만 사막에 대한 지식이 전혀 없다면 생존을 위한 모든 시도는 오히려 생명에 위협이 될 수 있습니다. 그런데 이때 그 지역을 아주 잘 알고 있는 사람이 나타나 자신의 지식을 전달해 준다면 어떨까요? 아마도 살아남는 것은 물론이거니와 안전한 길을 찾아 사막을 빠져나올 수 있을 것입니다.

사람이 가진 배움의 능력은 어려움에 처했을 때 그 문제를 해결할 수 있는 힘이 됩니다. 더 나아가 자신의 잠재력을 개발하고 자기실현을 할 수 있는 유일무이한 수단이기도 합니다. 그렇기에 성장을 위한 배움은 즐겁고 기쁜 경험이며, 그럴 때 비로소 배움의 의미를 느낄 수 있습니다.

공부와 학습이 갖는 이런 중요한 의미를 알기 때문에 오랫동안 교육/심리학자들은 공부를 잘하는 사람의 특징을 찾기 위해 애써 왔습니다.

그간의 연구결과를 요약하자면, 꾸준히 좋은 학업성취를 하는 사람은 두 가지 특징을 가지고 있습니다. 그것은 바로 **즐겁게, 전략적으로 공부한다는 것**입니다. 이런 특징들을 우리는 '자기주도학습'이라고 부릅니다.

즐거운 공부는 자발적인 목표설정과 동기에 의해 좌우되며, 전략적 공부는 습관에 따라 결정됩니다. 학년이 올라갈수록 이런 특징들의 중요성은 지능을 압도할 만큼 커집니다.

동기와 공부습관은 지능과 달리 선천적인 것이 아니며, **일정 기간의 훈련이나 연습에 의해 상당한 변화가 가능합니다.**

이러한 과정은 마치 근육을 키우기 위해 운동을 하는 것에 비유할 수 있습니다. 처음에는 힘들고 어색하지만, 효과적인 방법이 무엇인지 이해한 후, 그것을 습관이 될 때까지 꾸준히 적용하면 자신의 삶에 분명한 결과를 가져다줍니다.

본 프로그램은 여러분들의 목표의식과 공부습관을 향상시키기 위한 목적으로 만들어졌으며, 1권-동기 및 목표 향상 프로그램(ME 과정), 2권-시간관리 능력 향상 프로그램(TE 과정), 3권-집중력 향상 프로그램(CE 과정), 4권-정보처리 능력 향상 프로그램(IE 과정), 5권-시험준비 능력 향상 프로그램(EE 과정) 총 5가지 주제로 구성되어 있습니다.

이 프로그램을 접하는 청소년 여러분에게 이 기회를 통해 수동적이고 지겨운 공부에서 벗어나 주도적이고 즐거운 공부를 경험할 수 있는 계기가 되기를 간절한 마음으로 기대해 봅니다.

마음은 배움의 힘을, 배움은 마음의 힘을 키워 줍니다. 우리는 그 힘을 믿습니다.

심리학습센터 '마음과 배움' 소장 박동혁

CONTENTS

3

효율적인 공부 계획표 내 손으로 만들기
플래너 작성

4

알뜰한 시간사용 노하우
실천력 향상 전략

1

**미래목표를 위한
첫걸음**

단기목표 설정과
시간관리

커피 1잔.. 4분, 권총 1정.. 3년, 스포츠카 1대.. 59년! 모든 비용은 시간으로 계산된다!!

모든 인간은 25세가 되면 노화를 멈추고, 팔뚝에 새겨진 '카운트 바디 시계'에 1년의 유예 시간을 제공받는다. 이 시간으로 사람들은 음식을 사고, 버스를 타고, 집세를 내는 등, 삶에 필요한 모든 것을 시간으로 계산한다. 하지만, 주어진 시간을 모두 소진하고 13자리 시계가 0이 되는 순간, 그 즉시 심장마비로 사망한다. 때문에 부자들은 몇 세대에 걸쳐 시간을 갖고 영생을 누릴 수 있게 된 반면, 가난한 자들은 하루를 겨우 버틸 수 있는 시간을 노동으로 사거나, 누군가에게 빌리거나, 그도 아니면 훔쳐야만 한다.

돈으로 거래되는 인간의 수명! "살고 싶다면, 시간을 훔쳐라!!"

윌 살라스는 매일 아침 자신의 남은 시간을 보며 충분한 양의 시간을 벌지 못하면, 더는 살 수 없다는 사실을 깨달으며 눈을 뜬다. 사람들에게 시간은 곧 돈이자 생명이 되어 버려, 시간을 늘리기 위한 전쟁 아닌 전쟁이 벌어지게 된다.

─ 영화 〈In Time〉의 내용입니다. 흔히 "시간은 금이다."라고 하는데, 이 영화에서는 시간을 직접 돈으로 표현하였습니다. 이토록 실제적이고 소중한 시간을 우리는 어떻게 사용하고 있나요?

이 장을 통해 여러분이 시간을 어떻게 생각하고, 어떻게 사용하고 있는지에 대해서 보다 정확하게 알아보도록 합시다.

★ 이번 시간에 배울 내용

• 단기목표는 어떻게 정할 수 있을까?   • 시간관리가 중요한 이유는 무엇일까?

• 시간관리란 무엇일까?   • 평소 나의 시간사용 패턴은 어떠할까?

목표 세우기 체크리스트

● **다음의 체크리스트를 통해서 목표 세우기 정도를 확인해봅시다.**

	문 항	√표
1.	1년 후, 5년 후의 내 모습에 대한 구체적인 그림이 있다.	
2.	공부해야 할 분명한 목표가 있다.	
3.	목표는 나에게 정말 중요하다.	
4.	나는 어떤 일을 하기 전에 목표를 세우는 편이다.	
5.	힘들더라도 목표를 이루기 위해 참고 공부한다.	
6.	여러 가지 일을 해야 할 때는 일의 순서를 정한 다음에 시작한다.	
7.	즐기고 싶은 일이 있을 때도, 우선 목표로 한 일을 끝내놓고 나서 하는 편이다.	
8.	목표를 이루기 위해 오늘 해야 할 일이 무엇인지 잘 알고 있다.	

총 개수 :

● **√ 표시한 문항의 개수를 세어보세요. 여러분의 목표 세우기 정도는 어떤가요?**

(0~2개) ⟶ 새롭게 목표를 세워봅시다.

(3~4개) ⟶ 목표가 아직 애매합니다.

(5~6개) ⟶ 목표를 조금 더 구체화하세요.

(7~8개) ⟶ 목표가 뚜렷합니다.

목표설정의 중요성

- **목표란?**

目標 =
우리가 스스로의 활동을 통해 ⬜ 하고자 하는 구체적 ⬜

- **목표설정은 왜 중요할까?**

목표가 있는 사람들이 목표가 없는 사람들보다 일을 더 잘합니다. 그리고 같은 사람도 목표가 있을 때 목표가 없을 때보다 일을 더 잘할 수 있습니다.

> 자, 지금부터 2분 동안 윗몸일으키기를 합니다. 몇 개쯤 할 수 있을까요?
>
>
>
> 체력조건이 비슷한 A, B반 학생들을 대상으로 윗몸일으키기를 하도록 하였습니다. A반 학생들에게는 자신들이 2분 동안 얼마나 많은 윗몸일으키기를 할 것인가에 대한 목표를 세우도록 했고, B반 학생들에게는 미리 정한 목표 없이 윗몸일으키기를 하도록 했습니다. 어느 반이 더 많이 했을까요?

- **그 결과, ＿＿ 반 학생들이 더 많은 윗몸일으키기를 할 수 있었습니다.**
  그 이유는 무엇일까요?

이룰 수 있는 '제대로 된' 목표의 원칙 – 현(現)행(行)시(時)측(測)

● 실천할 수 있고 이룰 수 있는 목표는 다음과 같은 특징을 가지고 있습니다.
따라서 목표를 세울 때는 항상 다음 사항을 명심해야 합니다.

> 현재 주어진 능력으로 이룰 수 있는 ' 현   ' 목표예요!

> 당장 실천할 수 있는 ' 행   ' 으로 바꿀 수 있어요!

> 언제까지 이룰 것인지 ' 시   '을 정해놔요!

> 목표가 이루어지는 정도를 ' 측   '할 수 있어요!

'현행시측' 원칙에 따른 목표 세우기

● **살을 빼고 싶다.**

현 :

행 :

시 :

측 :

● **영어를 더 잘하고 싶다.**

현 :

행 :

시 :

측 :

성적목표 만들기

● **'현행시측' 원칙을 응용하여 성적목표를 세워봅시다.**

실적인 목표	현재 지금 나의 성적을 적어 봅시다. 그리고 앞으로 이루고 싶은 성적을 적어봅시다. 현재 성적 ( )점 향상 → 미래 성적 달성 가능성? %
동적인 목표	시험 목표를 이루는 데 특별히 치중해야 할 과목을 정해 써봅시다. 1 _____ 2 _____ 3 _____ 어떤 방식으로 공부할지 구체적으로 적어보세요.

목표과목	평소에 할 수 있는 공부 방법
	복습은 기본! +
	복습은 기본! +
	복습은 기본! +

마감 한이 정해진 목표	**'성적목표를** _____ **까지 달성하겠다.'**
정 가능한 목표	목표 달성을 위해 지속적으로 노력하려면 반드시 자신이 잘하고 있는지 여부를 측정하고 판단할 수 있는 명확한 기준이 필요합니다. • 결과를 측정 ⟨ [ ] • 과정을 측정 ⟨ [ ]

성적목표판 작성하기(예시)

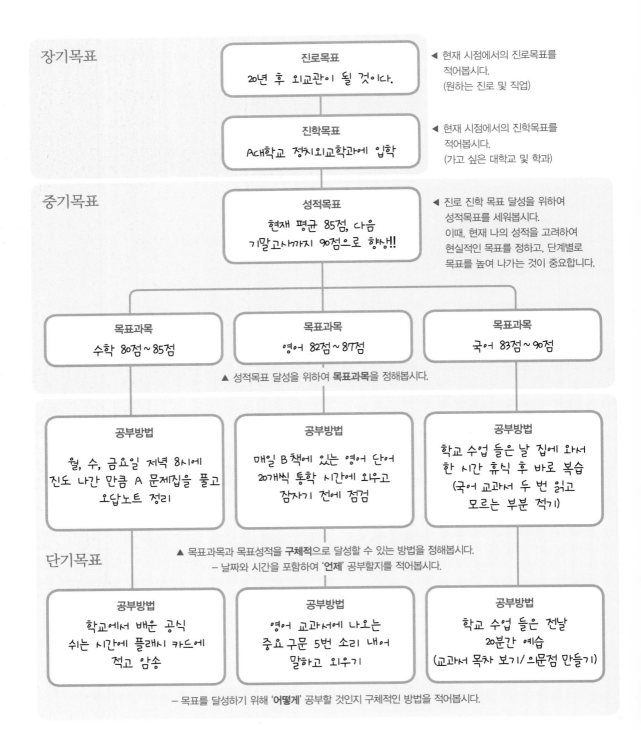

장기목표

진로목표
20년 후 외교관이 될 것이다.

◀ 현재 시점에서의 진로목표를
적어봅시다.
(원하는 진로 및 직업)

진학목표
A대학교 정치외교학과에 입학

◀ 현재 시점에서의 진학목표를
적어봅시다.
(가고 싶은 대학교 및 학과)

중기목표

성적목표
현재 평균 85점, 다음
기말고사까지 90점으로 향상!!

◀ 진로 진학 목표 달성을 위하여
성적목표를 세워봅시다.
이때, 현재 나의 성적을 고려하여
현실적인 목표를 정하고, 단계별로
목표를 높여 나가는 것이 중요합니다.

목표과목
수학 80점~85점

목표과목
영어 82점~87점

목표과목
국어 83점~90점

▲ 성적목표 달성을 위하여 **목표과목**을 정해봅시다.

공부방법
월, 수, 금요일 저녁 8시에
진도 나간 만큼 A 문제집을 풀고
오답노트 정리

공부방법
매일 B 책에 있는 영어 단어
20개씩 통학 시간에 외우고
잠자기 전에 점검

공부방법
학교 수업 들은 날 집에 와서
한 시간 휴식 후 바로 복습
(국어 교과서 두 번 읽고
모르는 부분 적기)

단기목표

▲ 목표과목과 목표성적을 **구체적**으로 달성할 수 있는 방법을 정해봅시다.
– 날짜와 시간을 포함하여 **'언제'** 공부할지를 적어봅시다.

공부방법
학교에서 배운 공식
쉬는 시간에 플래시 카드에
적고 암송

공부방법
영어 교과서에 나오는
중요 구문 5번 소리 내어
말하고 외우기

공부방법
학교 수업 들은 전날
20분간 예습
(교과서 목차 보기/의문점 만들기)

– 목표를 달성하기 위해 **'어떻게'** 공부할 것인지 구체적인 방법을 적어봅시다.

성적 목표판 작성하기

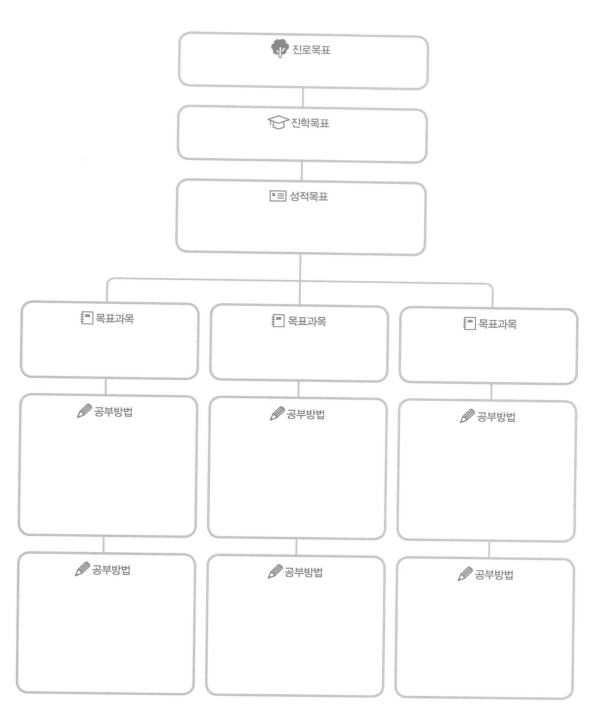

진로목표

진학목표

성적목표

목표과목

목표과목

목표과목

공부방법

공부방법

공부방법

공부방법

공부방법

공부방법

하고 싶은 일 vs 해야 할 일

● 오늘 하루의 시간이 주어진다면 여러분은 어떤 일에 어떻게 쓰고 싶나요?

마음대로 **하고 싶은 일**들을 적어보세요.
예) 게임, TV 보기, 잠자기 등

하고 싶은 일	필요한 시간

합 :   시간   분

꼭 해야 하는 일, 규칙적으로 하는 일들을
적어보세요.
예) 학교 수업, 학원, 숙제, 시험공부, 수면, 식사, 통학 등

해야 하는 일	필요한 시간

합 :   시간   분

● 이 모든 일을 하는 데 필요한 시간이 얼마나 되나요? 하루 24시간으로 충분한가요?
만일 시간이 모자란다면 그것은 무엇을 의미할까요?

시간관리란?

● **시간의 의미**

눈에 보이지 않는 시간에 비유할 수 있는 것은 무엇이 있을까요?
자신만의 재미있는 비유를 찾아봅시다.

시간은 (   )이다.

● **시간의 특징**

> 시간은 [   ]를 이루는 데 반드시 필요한 자원이다.

> 시간은 다른 자원과 달리 [   ]할 수 없다.

> 시간은 모두에게 [   ]하다.

● **시간관리의 의미**

시간관리에 대해 배우기에 앞서, 시간관리는 무엇을 의미하는지 자신의 생각을
적어봅시다.

┌───┐
│   │
│   │
│   │
│   │
└───┘

시간관리란,
주어진 시간을 자신의 [ ][ ]에 맞게 [ ][ ]해서 사용하는 것이다.

시간 사용 분석하기

● **아래의 표에 맞추어 평소 시간을 어떻게 사용하는지 분석해 봅시다.**

(1시간은 대략 하루의 4%입니다)

하는 일	하루 평균 사용 시간	사용비중
잠	시간	%
학교 수업	시간	%
학원 / 과외	시간	%
숙제	시간	%
스스로 공부	시간	%
TV	시간	%
컴퓨터	시간	%
독서	시간	%
멍 때리기	시간	%
휴식	시간	%
	시간	%
	시간	%
	시간	%
	시간	%
	시간	%
합계	24 시간	100 %

● **다음의 예시를 참고하여 다음 페이지에 자신의 시간 사용 비중을 그려 보세요.**

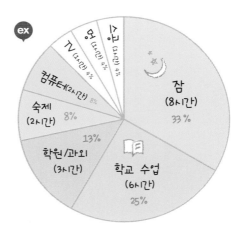

● 시간 사용 비중 그리기 *각 칸은 5%씩 나뉘어 있습니다.

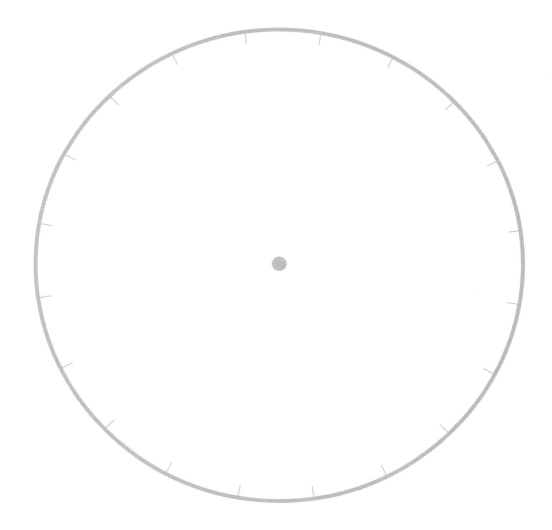

시간 사용에 대한 평가

● 앞에서 기록한 내용을 바탕으로 나의 시간 사용에 대해 평가해 봅시다.

가장 보람되게 사용했다고
느껴지는 시간은?

가장 헛되이 사용했다고
느껴지는 시간은?

앞으로 늘리고 싶은 항목은?

앞으로 줄여야 한다고 생각하는 항목은?

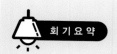

단기목표 설정과 시간관리

★ 시간은 ⬜⬜ 를 이루는 데 반드시 필요하다.

★ 시간은 모두에게 ⬜⬜ 하다.

★ 시간관리란, 주어진 시간을 자신의 ⬜⬜⬜ 에 맞게 미리 ⬜⬜ 해서 사용하는 것이다.

★ '⬜⬜⬜⬜⬜' 원칙에 따라 이룰 목표를 세울 수 있다.

과 제

- 시간 사용 평가에서 늘리고 싶은 시간 항목 1시간 늘려보기
- 시간 사용 평가에서 줄이고 싶은 시간 항목 1시간 줄이기
- 학습시간 정해서 공부해보기

요일	과목	공부시간 (시 ~ 시)

중요한 일 먼저 하기

시간관리의 핵심원칙

우리는 옷을 입을 때 속옷을 먼저 입고 겉옷을 입습니다. 옷을 순서대로 입지 않는다면 위의 그림처럼 이상한 사람이 되겠죠?

집을 지을 때에도 마찬가지로 기둥을 세워야 지붕을 올리고 제대로 된 집을 지을 수 있듯이 모든 일에는 순서가 있기 마련입니다. 특히 한정된 시간에 할 일이 많은 경우 일의 순서를 정하지 않으면 무엇을 해야 할지 몰라 우왕좌왕하게 되고 다른 일을 하느라 시간을 허비하는 바람에 정작 중요한 일을 놓치는 경우가 발생하게 됩니다.

─　지난 시간에는 시간 사용 분석을 통해 자신이 시간 사용을 어떻게 하고 있는지 알아보았습니다. 그렇다면 이 많은 일들을 제한된 시간 내에 하기 위해서 어떤 기준을 가지고 어떤 순서대로 시간 관리를 해야 할까요?

그것을 알아보기 위해 이번 시간에는 시간관리 성공의 첫 번째 비법인 우선순위 정하기와 파레토 법칙에 대해 알아보고 적용해보도록 하겠습니다.

★ 이번 시간에 배울 내용

- 우선순위란 무엇일까?
- 우선순위를 세우는 방법은 무엇일까?
- 우선순위를 정하는 것이 중요한 이유는 무엇일까?
- 파레토 법칙이란 무엇일까?

우선순위 체크리스트

● 다음은 우선순위에 따라 시간을 얼마나 잘 관리하고 있는지에 대해 알아보는 문항들입니다. 각 문항을 읽고 자신이 하고 있다고 생각되는 문항들에 ✓표 해보세요.

문 항	✓표
1. 여러 가지 일을 해야 할 때에는 일의 순서를 정하고 난 다음에 시작한다.	
2. 숙제나 시험공부는 미루지 않고 미리미리 한다.	
3. 여러 과목을 공부할 때, 한 과목 공부에 많은 시간을 보내기보다는 시간을 분배하여 사용한다.	
4. 어떤 일을 할 때 그것이 내게 가치 있는 일인가를 생각해본다.	
5. 내가 하는 일의 중요성에 따라 우선순위를 매겨 순서대로 일을 처리한다.	
6. 남는 시간에는 평소 하고 싶던 일을 한다.	
7. 매일 공부에 우선순위를 두고 행동한다.	
8. 시험준비를 할 때는 벼락치기보다는 차근차근 준비하는 편이다.	
9. 친구들의 부탁 때문에 계획한 공부를 하지 못할 때가 거의 없다.	
10. 마음이 내키지 않을 때라도 대체로 계획에 따라 공부한다.	

총 개수 : _____

● ✓ 표시한 문항의 개수를 세어보세요. 여러분은 우선순위 관리를 어떻게 하고 있나요?

(0~2개) 관리 안 됨 ──→ 우선순위 관리가 전혀 안 되고 있어요.

(3~5개) 실천 안 함 ──→ 알지만 실천하지 못하는 부분이 있네요.

(6~8개) 성실함 ──→ 비교적 성실하게 일의 순서를 지키고 있어요.

(9~10개) 관리 잘함 ──→ 미루는 일 없이 계획적인 생활을 하는군요.

나에게 중요한 것은 무엇인가?

시간관리의 기본은 '중요한 일을 먼저 하는 것'이라고 말할 수 있습니다. 중요한 것이란 현재 내가 가치 있고 의미가 있다고 생각하는 것이고, 이는 우리가 올바른 방향으로 행동할 수 있게 합니다.

● **다음의 이야기를 읽어봅시다.**

한 동네에 개미와 베짱이가 살았어요.

개미는 겨울을 대비하여 무더운 여름 내내 묵묵히 일을 하였어요.

한편, 베짱이는 시원한 그늘 아래에서, 노래하며 여름을 보냈어요.

어느덧, 찬 바람이 쌩쌩 부는 추운 겨울이 왔어요. 개미는 따뜻한 집에서 풍족한 겨울을 보냈고, 베짱이는 식량이 모자라 친구들에게 식량을 빌려가며 겨우겨우 굶주림을 모면했답니다.

● **'개미와 베짱이' 만화를 보며, 다음을 생각해봅시다.**

개미에게 중요한 것	베짱이에게 중요한 것

목표와 그에 따른 중요한 일은 사람마다 다를 수 있습니다. 그렇기 때문에 같은 상황일지라도 각자의 행동과 결과도 다르게 나타날 수 있습니다.

나의 우선순위는?

● **우선순위 세우기 연습**

1. 동그라미에 평소에 자신이 하는 일들을 적어보세요.
   예) 학교에서 배운 내용 복습, 시험 준비, 학원 숙제, 컴퓨터 게임,
   TV 시청, 운동, 친구와 놀기 등

2. 하루를 쓰게 된다면, 평소 여러분은 어떤 순서대로
   하는지 순서대로 화살표로 연결해보세요.

3. '본인이 중요하다고 생각하는 정도'에 따라 ☆에 색을
   칠해보세요(1~3개).

START! ▶
(학교 갔다 오자마자)

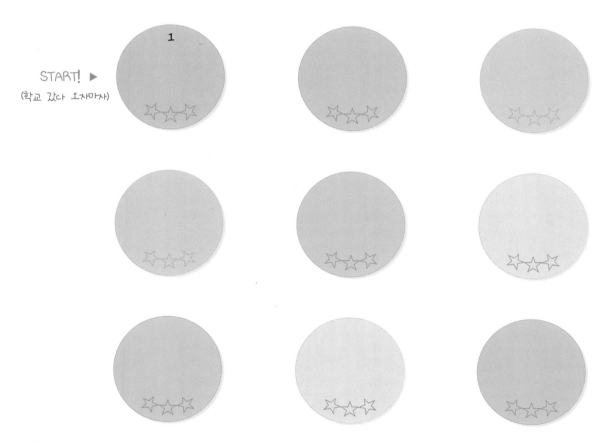

● 평소 나는 중요하다고 생각하는 일부터 먼저 하는 편인가요?

YES / NO

● 내가 중요하다고 생각하는 것들은 어떤 일들인가요?

● 중요도에 따라 일을 할 때와 중요도에 상관없이 일을 할 때의 결과는 어떻게
다를까요? 각자의 생각을 적은 후 다른 사람들과 토의해봅시다.

중요도에 따라 순서대로 했을 때의 결과	중요도를 무시하고 했을 때의 결과

우선순위를 결정하는 두 가지 기준

우선순위를 결정하는 것은 결코 쉬운 일이 아닙니다. 특히, 시간이 부족하고 할 일이 많을 때(예를 들어, 시험기간)는 더욱 혼란스럽고 어려울 수 있습니다.

● **일의 순서를 정하기 위한 우선순위 결정 기준에 대해 배워봅시다.**

기준 1 │ **중 요 도**	기준 2 │ **긴 급 도**

> 일의 중요도는 자신의

　　　　　에 따라 결정됩니다.

> 급한 일의 기준은
그 일을 반드시 끝마쳐야 하는 시간,

즉　　　　　　이 얼마나

멀고 가까운지의 여부로 결정할 수 있습니다.

우선순위에 따른 활동

● **우선순위 결정 기준에 따르면 어떤 일을 먼저 해야 할까요?**

1. 아래 쓰인 활동들이 각각 어디에 해당하는지 적어보세요.
2. 아래의 빈칸에 본인이 생각하는 우선순위(1~4위)를 적어보세요.

A 시험, 숙제와 같이 당장 해야 할 일
B 급하게 하지 않아도 우리 삶에 별다른 영향을 주지 않는 일들
C 급하게 느껴지지만 목표와 관련성이 낮은 일들
D 장기적 계획이 요구되는 일들

	중요한 정도 →
중요하고 급한 일	중요하지 않고 급한 일
중요하지만 급하지 않은 일	중요하지도 않고 급하지도 않은 일

급한 정도 ↑

우선순위 세우기 연습

● **우선순위를 세우는 방법을 아래 표에 연습해봅시다.**

목표가 '평균 성적 5점 향상'이라면, 스티커에 적힌 활동들은 어떤 칸에 들어가야 할까요? 해당되는 영역에 적절한 활동이 적혀 있는 스티커를 붙여보세요.
(스티커는 교재 맨 뒤에 첨부되어 있습니다.)

중요한 정도

중요하고 급한 일	중요하지 않고 급한 일
중요하지만 급하지 않은 일	중요하지도 않고 급하지도 않은 일

급한 정도

내 생활의 우선순위 정하기

● 다음 주에 자신이 해야 할 일들을 생각해보고, 목표를 기준으로 하여 우선순위에 맞게 다시 아래의 표에 정리해봅시다.

중요한 정도

긴급한 정도

중요하고 급한 일	중요하지 않고 급한 일
중요하지만 급하지 않은 일	중요하지도 않고 급하지도 않은 일

● 이대로 지킨다면 내 삶에 어떤 변화가 있을까요?

파레토 법칙

● **파레토 법칙이란?**

이탈리아의 경제학자이자 사회학자인 파레토는 대략 전체 인구의 20%가 전체 부의 80%를 차지하고 있음을 발견하였다. 이는, 전체 결과의 80%가 전체 원인의 20%에서 일어나며 적은 비율의 노력과 원인이 큰 비율의 결과로 나타난다는 것을 의미하는 것이다.

● **파레토 법칙의 예시**

> "국내 총생산의 _____%는 인구의 _____%가 만들어낸다."

> "어떤 회사의 총수익 _____%는 제품의 _____%에서 발생한다."

● **파레토 법칙을 여러분의 생활에 적용한다면, 어떤 것들이 있을 수 있는지 찾아봅시다.**

● **파레토 법칙이 시간관리에 있어서 중요한 이유를 생각해 봅시다.**

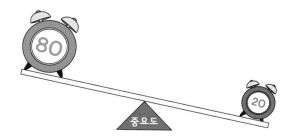

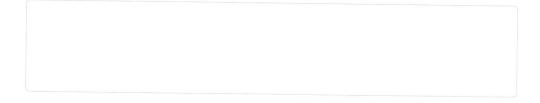

중요한 일의 ____%는
하루 중 ____%의 시간
동안에 이루어진다.

파레토 법칙의 적용

● 만일, 하루 2~3시간씩 10년 동안 한 가지 활동을 꾸준히 한다면, 삶에 놀라운 변화를 가져올 수 있어요. 이를 위해 중요하다고 생각하는 활동 1가지를 적어봅시다.

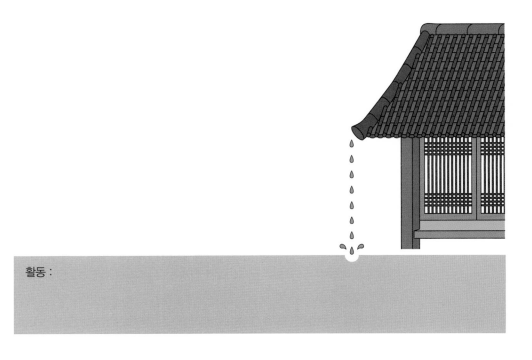

활동 :

● 만일, 이러한 활동을 지속적으로 한다면 10년 후 나는 어떤 모습일까요?
구체적으로 적어봅시다.

시간관리의 핵심원칙

★ 시간관리의 기본은 할 일의 목록을 짜서 하루가 시작될 때 [   ]에 따라 그 일들을 실천해가는 것입니다. 이러한 할 일 목록(to-do list)을 만드는 것만으로도 우리는 무엇을 해야 할지 주저하는 시간도 줄일 수 있고 자신이 하고 있는 일에 대한 집중력도 높일 수 있어 [   ]에 도움이 됩니다.

★ 먼저 처리해야 할 일과 나중에 해도 상관없는 일을 구분하려면 우선순위를 결정할 수 있어야 합니다. 우선순위는 [   ]와 [   ]의 두 가지 기준에 의해 결정됩니다.

★ 중요한 일의 기준은 '내가 세운 [   ]와의 관련성'이고, 급한 일의 기준은 [   ]이 얼마나 멀고 가까운지의 여부로 결정됩니다. 이 두 가지 기준에 따라 해야 할 일들을 네 가지로 나눌 수 있습니다. 가장 먼저 해야 할 1순위의 일은 '중요하고 급한 일'이 되고, 2순위의 일은 '중요하지만 급하지 않은 일', 그리고 3순위는 '중요하지 않지만 급한 일'이 됩니다. 마지막으로 4순위는 '중요하지도 급하지도 않은 일'입니다.

★ '[   ] 법칙' 또는 '20/80 법칙'은 이탈리아의 경제학자 파레토가 발견한 것으로, 전체 결과의 80%가 전체 원인의 20%에서 일어나는 현상을 말합니다. 이 법칙은 여러 가지 다양한 영역에서 동일하게 적용될 수 있습니다.

★ '파레토 법칙'에 따르면, 하루 동안 우리가 어떤 일을 하면 그중에 정말로 중요한 일에 할애한 시간은 [   ]%에도 미치지 못합니다. 그렇기 때문에 닥치는 대로 하고 싶은 일을 하는 것보다는 무엇이 중요한 것인지 파악해서 중요한 일부터 처리할 필요가 있습니다.

과 제

우선순위에 맞추어 목표 과목 공부하기

– 이번 시간의 과제는 자신에게 중요한 목표 과목 3개를 정해서 일주일간 공부해 보는 것입니다.
아래의 표에 자신에게 가장 중요한 목표 과목 3가지를 적어 봅시다. 또 목표 과목을 어떤 방법으로 공부할지에
대해서도 구체적으로 생각해봅시다.

목표 과목	목표 과목의 구체적인 공부 방법
1	
2	
3	

– 각자 실천한 내용을 확인할 수 있도록 아래에 있는 표에 기록해서 옵니다.
이번 과제는 시간관리 연습의 기초 과정인 만큼, 특별히 열심히 해보기 바랍니다.

날짜	공부한 내용	확인
월 (/)		☐ ☐ ☐
화 (/)		☐ ☐ ☐
수 (/)		☐ ☐ ☐
목 (/)		☐ ☐ ☐
금 (/)		☐ ☐ ☐
토 (/)		☐ ☐ ☐
일 (/)		☐ ☐ ☐

TE

3

효율적인 공부 계획표
내 손으로 만들기

플래너 작성

준수는 중학교 입학 후 처음 본 중간고사 성적이 기대한 것보다 낮게 나와 의기소침해졌습니다. 기말고사를 앞두고 단짝 친구가 시간관리를 통해 성적을 올렸다는 소식에, '나도 계획을 세운 다음 공부해서 성적 좀 올려야겠다.'라는 생각을 하며 열심히 공부하기로 마음먹었습니다.

그런데 막상 계획을 세우려니 어떻게 해야 할지도 모르겠고 귀찮기도 해서, 매일 아침 그날 해야 하는 일에 대해 머릿속으로 생각하고 중요한 일부터 실천하기로 하였습니다. 그렇지만 늦잠을 자거나 해야 할 일이 많은 날 아침에는 계획을 잊어버리기 일쑤였고, 그날 할 일들에 대해 생각을 하더라도 급한 일이 생길 경우에는 중요한 것부터 실천하지 못하는 일이 늘어났습니다.

급기야, 시간관리를 하는 것이나 안 하는 것이나 공부를 미루는 행동은 여전히 유지되면서, '아~ 시간관리는 복잡하기만 하고 효과도 없어. 오히려 시간만 낭비될 뿐이야.'라는 생각을 하게 되었습니다.

─   목표와 계획이란 '마음속으로 어떤 결심을 하는 것'입니다. 하지만 마음속에만 담아두고 눈에 보이지 않게 되면 쉽게 그 결심을 잊고 실천하지 못하게 되지요. 그래서 만들게 되는 것이 바로 시간표 혹은 계획표입니다.

시간표는 학교 수업과 같이 언제 어떤 일을 해야 하는지 정리해 놓은 것임에 반해, 계획표는 자신의 목표와 의지에 따라 '어떻게' 시간을 사용할 것인지 미리 결정해 놓는 것입니다. 따라서 계획표가 더 복잡하고, 작성 시에도 생각할 것이 많습니다.

가시적인 계획표가 있어야 행동적 실천이 가능하며, 정확한 계획표는 실천력을 높여줍니다.

이번 시간에는 LAMP 플래너를 통해 효과적인 계획표 양식에 대해 살펴보도록 하겠습니다.

★ 이번 시간에 배울 내용

- 계획표의 유형에 어떤 것들이 있을까?
- 좋은 공부 계획표의 조건은 무엇일까?
- 시간을 어떻게 분류할 수 있을까?
- 효과적인 플래너는 어떻게 작성하는 것일까?

계획표의 유형

효과적인 시간관리를 위해선 계획표가 필요합니다. 여러분은 어떤 형태의 계획표를 사용해보았나요? 가장 대표적인 계획표 두 가지는 아래와 같습니다.

● **두 계획표 양식의 장단점에 대해 생각해봅시다.**

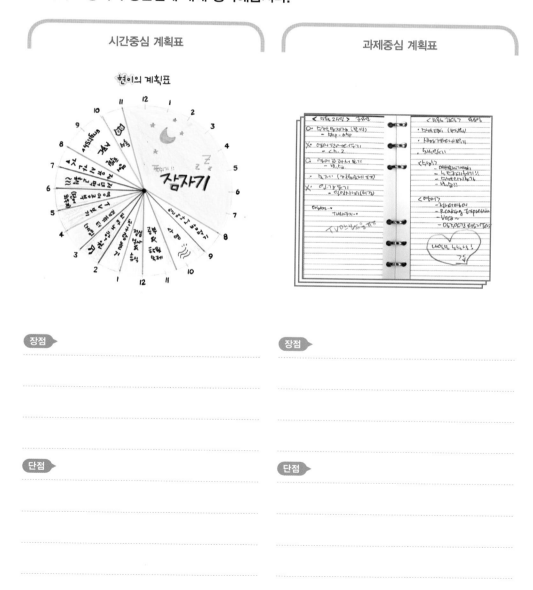

시간중심 계획표	과제중심 계획표

장점 ▶

단점 ▶

장점 ▶

단점 ▶

시간의 종류

플래너는 '4가지 시간'을 적절히 활용해야 가장 큰 효과를 볼 수 있습니다.

1. 고정시간

> 이미 ☐☐☐ 있는 일들,

따로 ☐☐ 할 필요가 없는 일들

2. 가용시간

> 내가 마음대로 ☐☐☐☐

쓸 수 있는 시간

• 나의 가용시간은? _____ 시간

3. 목표학습시간

> 목표 달성을 위해 공부하기로 결정한 시간

목표학습시간을 정하는 기준

1. ⬚⬚⬚⬚ 의 20%

2. ⬚⬚⬚⬚⬚ 보다 20% 더 늘리기

3. ⬚⬚⬚⬚ 에 필요한 시간

• 나의 목표학습시간은? _____ 시간

4. 골든타임

> 하루 중 집중하기 유리한 시간

골든타임의 조건

1. 비교적 ⬚⬚ 한 시간

2. ⬚⬚⬚ 않은 시간

3. ⬚⬚ 이 적은 시간

4. ⬚⬚⬚ 이 좋은 시간

LAMP 학습 플래너 구성

다음은 효과적인 시간표의 예시입니다. 아래의 시간표는 'LAMP 학습 플래너'라고 불리며 다양한 시간관리의 원리들을 통합한 것입니다.

LAMP 학습 플래너 작성 방법

☝ 기본시간표 작성 방법

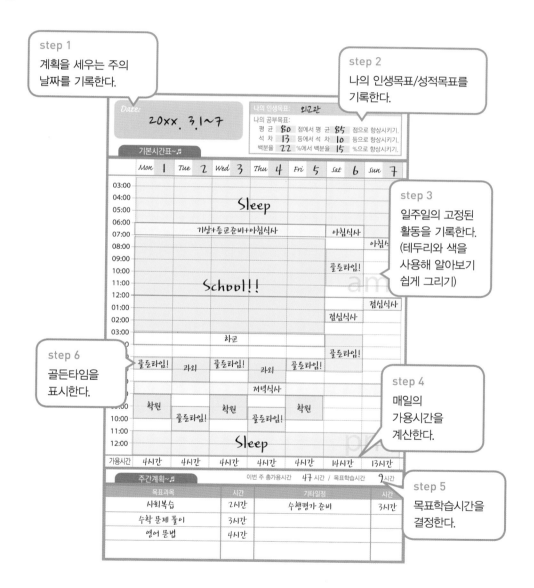

step 1
계획을 세우는 주의
날짜를 기록한다.

step 2
나의 인생목표/성적목표를
기록한다.

step 3
일주일의 고정된
활동을 기록한다.
(테두리와 색을
사용해 알아보기
쉽게 그리기)

step 4
매일의
가용시간을
계산한다.

step 5
목표학습시간을
결정한다.

step 6
골든타임을
표시한다.

Date: 20xx. 3.1~7

기본시간표~♬

나의 인생목표: 외교관

나의 공부목표:
평 균 **80** 점에서 평 균 **85** 점으로 향상시키기.
석 차 **13** 등에서 석 차 **10** 등으로 향상시키기.
백분율 **22** %에서 백분율 **15** %으로 향상시키기.

	Mon 1	Tue 2	Wed 3	Thu 4	Fri 5	Sat 6	Sun 7
03:00							
04:00			Sleep				
05:00							
06:00							
07:00		기상+등교준비+아침식사			아침식사		
08:00						아침식사	
09:00					골든타임!		
10:00			School!!				
11:00							
12:00							
01:00						점심식사	
02:00					점심식사		
03:00			하교				
					골든타임!		
	골든타임!	과외	골든타임!	과외	골든타임!		
			저녁식사				
	학원		학원		학원		
10:00		골든타임!		골든타임!			
11:00							
12:00			Sleep				
가용시간	4시간	4시간	4시간	4시간	4시간	14시간	13시간

주간계획~♬ 이번 주 총가용시간 **47** 시간 / 목표학습시간 **9** 시간

목표과목	시간	기타일정	시간
사회복습	2시간	수행평가 준비	3시간
수학 문제 풀이	3시간		
영어 문법	4시간		

주간계획표 작성 방법

주간계획~♬	이번 주 총가용시간 **47** 시간 / 목표학습시간 **9** 시간			
목표과목	시간	기타 일정	시간
사회복습	2시간	수행평가 준비	3시간
수학 문제 풀이	3시간		
영어 문법	4시간		

step 1 ▷ 일주일 동안 공부할 목표과목을 기록합니다.

step 2 ▷ 필요한 공부시간을 기록합니다.
주의 - 총 공부시간이 목표학습시간과 같거나 많아야 합니다.
　　　- 목표학습시간은 스스로 공부하는 목표과목만을 위한 시간으로,
　　　　숙제하는 시간은 해당되지 않습니다.

step 3 ▷ 목표학습시간 외에 잊지 말아야 할 숙제 및 기타 공부할 과목을 기록합니다.

일일계획표 작성 방법

step 1
그 날의 날짜를 기록한다.

step 2
그 날 해야 할
공부를 우선순위에
맞게 계획한다.

step 3
공부를 시작하고
끝내는 시간을
기록한다.
(집중할 수 있는
시간 단위로
계획 세우기!)

step 4
해야 할 공부의
구체적인 분량을
적는다.
(구체적으로 기록
할수록 효과적)

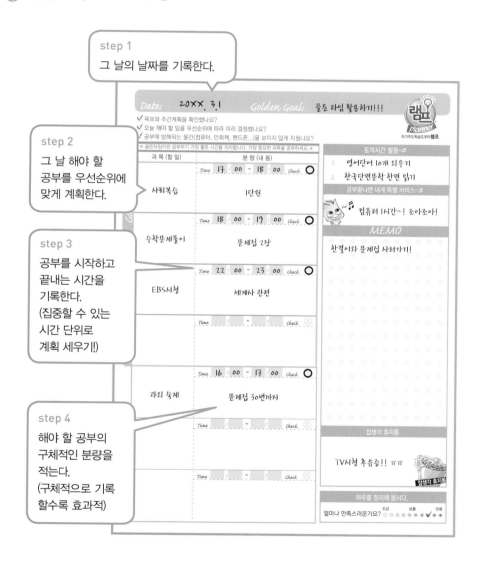

Date: 20XX. 3. 1   Golden Goal: 골든 타임 활용하기!!!

램프
Planner
자기주도학습도우미 램프

✓ 목표와 주간계획을 확인했나요?
✓ 오늘 해야 할 일을 우선순위에 따라 미리 결정했나요?
✓ 공부에 방해되는 물건(컴퓨터, 만화책, 핸드폰...)을 보이지 않게 치웠나요?

※ 골든타임이란 공부하기 가장 좋은 시간을 의미합니다. 가장 중요한 과목을 공부하세요.

과 목 (할 일)	분 량 (내 용)		
사회복습	Time 17 : 00 ~ 18 : 00 Check ○ 1단원		
수학문제풀이	Time 18 : 00 ~ 19 : 00 Check ○ 문제집 2장		
EBS시청	Time 22 : 00 ~ 23 : 00 Check ○ 세계사 관련		
	Time : ~ : Check ⊗		
과외 숙제	Time 16 : 00 ~ 17 : 00 Check ○ 문제집 30번까지		
	Time : ~ : Check ⊗		
	Time : ~ : Check ⊗		

토막시간 활용~♫
1. 영어단어 10개 외우기
2. 한국단편문학 한편 읽기

공부끝나면 내게 특별 서비스~♫
컴퓨터 1시간~! 조아조아!

MEMO
한결이와 문제집 사러가기!

잡생각 휴지통
TV시청 후유증!! ㅠㅠ
잡생각 휴지통

하루를 정리해 봅시다.
얼마나 만족스러운가요?   조금   보통   만족
○ ○ ○ ○ ○ ● ● ● ✓ ○

LAMP 학습 플래너 작성 연습

Date:

나의 인생목표:
나의 공부목표:
평 균 [   ] 점에서 평 균 [   ] 점으로 향상시키기.
석 차 [   ] 등에서 석 차 [   ] 등으로 향상시키기.
백분율 [   ] %에서백분율 [   ] %으로 향상시키기.

기본시간표~♫

	Mon	Tue	Wed	Thu	Fri	Sat	Sun
03:00							
04:00							
05:00							
06:00							
07:00							
08:00							
09:00							
10:00							
11:00							
12:00							
01:00							
02:00							
03:00							
04:00							
05:00							
06:00							
07:00							
08:00							
09:00							
10:00							
11:00							
12:00							
01:00							
02:00							
가용시간							

am.

pm.

주간계획~♫

이번 주 총가용시간 [   ] 시간 / 목표학습시간 [   ] 시간

목표과목	시간	기타일정	시간

Date: Golden Goal:

자가주도학습도우미**램프**

☐ 목표와 주간계획을 확인했나요?
☐ 오늘 해야 할 일을 우선순위에 따라 미리 결정했나요?
☐ 공부에 방해되는 물건(컴퓨터, 만화책, 핸드폰...)을 보이지 않게 치웠나요?

※ 골든타임이란 공부하기 가장 좋은 시간을 의미합니다. 가장 중요한 과목을 공부하세요. ※

과 목 (할 일)	분 량 (내 용)
	Time ☐☐ : ☐☐ ~ ☐☐ : ☐☐ Check ⊗
	Time ☐☐ : ☐☐ ~ ☐☐ : ☐☐ Check ⊗
	Time ☐☐ : ☐☐ ~ ☐☐ : ☐☐ Check ⊗
	Time ☐☐ : ☐☐ ~ ☐☐ : ☐☐ Check ⊗
	Time ☐☐ : ☐☐ ~ ☐☐ : ☐☐ Check ⊗
	Time ☐☐ : ☐☐ ~ ☐☐ : ☐☐ Check ⊗
	Time ☐☐ : ☐☐ ~ ☐☐ : ☐☐ Check ⊗

Golden Time

토막시간 활용~♬

1.

2.

공부 끝나면 내게 특별 서비스~♬

MEMO

잡생각 휴지통

잡생각 휴지통

하루를 정리해 봅시다.

얼마나 만족스러운가요?   조금 ○○ 보통 ●●● 만족 ●●●

플래너 점검

● 플래너 작성이 완료되었다면, 주변의 친구들과 바꾸어봅시다. 그리고 잘된 점과 보완해야 할 점이 있는지 점검해봅시다.

잘된 점	보완해야 할 점

> 보완해야 할 점을 확인한 후, 플래너에 적용해보세요.

플래너 작성

★ **기본시간표 그리기**

1. 이름, 날짜, 자신의 목표를 기록한다.

2. ☐☐☐ 적인 ☐☐☐ 만 기록한다.

3. 테두리와 색을 사용해서 알아보기 쉽게 그린다.

4. 매일의 ☐☐☐ 시간을 계산한다.

5. ☐☐☐☐☐ 시간을 계산한다. ▶ 가용시간의 20%

6. ☐☐☐☐ 을 결정한다.

★ **주간계획표 작성하기**

1. ☐☐☐☐ 을 기록한다.

2. 필요한 ☐☐☐☐ 을 기록한다.

3. 잊지 말아야 할 숙제 및 기타 과목 공부를 기록한다.

★ **일일계획표**

1. 그 날 해야 할 공부에는 어떤 것이 있는지 적는다.

2. 해야 할 공부의 ☐☐☐☐ 분량을 적는다.

3. 공부를 시작하고 끝내는 시간을 기록한다.

과 제

일주일 동안 시간관리 해보기

- 한 주 동안의 시간표를 작성하고, 실천해봅시다.
- 실천하면서 경험한 어려움들은 무엇이었는지 정리해서 오세요.

알뜰한 시간사용
노하우

실천력 향상 전략

소희는 매주 일요일 저녁마다 바쁩니다. 다음 한 주 동안의 공부 계획표를 작성하기 때문입니다. 누군 가가 시키기 때문에 그런 것이 아니라, 소희 스스로 계획표를 세워서 생활하는 것이 더 좋다고 생각하 기 때문에 매주 수고를 아끼지 않습니다. 부모님 역시 소희의 이런 모습을 기특해하셔서 칭찬도 많이 해주십니다.

그렇지만 한 가지 문제가 있습니다.

이렇게 매주 시간과 정성을 들여 계획표를 세우기는 하지만, 계획한 대로 실천하는 것이 만만치가 않기 때문이지요. 늘 마음을 다잡고 계획을 세우기는 하지만, 정작 지키려고 하면 갑자기 다른 일이 생기거 나 시간이 모자라거나 하는 일이 생기곤 합니다.

어떻게 하면 소희가 공부 계획 세우기뿐 아니라 실천도 잘할 수 있을까요?

—　이런 경우, 계획 세운 것을 정기적으로 점검하고, 그 내용에 따라 다음 주 계획을 세우는 것이 필요합니다. 이번 시간에는 실천력을 향상시킬 수 있는 방법과 여가시간 및 토막시간의 활용법에 대 해 다루겠습니다.

★ 이번 시간에 배울 내용

• 실천력을 높일 수 있는 방법에는 무엇이 있을까?　　• 생활 속에 숨어 있는 토막시간을 어떻게 활용할 수 있을까?

• 공부 계획표는 어떻게 점검할 수 있을까?　　• 공부 외 여가시간을 어떻게 효과적으로 활용할 수 있을까?

실천력을 높이려면?

● **아래 글을 읽고 함께 생각해봅시다.**

경현이의 별명은 지각대장입니다. 부모님께서 출근하시면서 깨워주시기는 하지만 곧 다시 잠들어버려서 지각하는 날이 부지기수입니다. 중학교 2학년이 되면서 좋아하는 친구와 같은 반이 된 경현이는 아영이에게 잘 보이기 위해서라도 다시는 지각을 하지 않겠다고 다짐하였습니다. '엄마가 깨우지 않아도 7시 30분에 혼자 일어나서 씻고 밥 먹고 8시 30분까지 학교에 가야지'라고 계획을 세우고 알람을 맞추고 잤지만 새 학기 첫날도 어김없이 경현이는 지각을 하였습니다.

그러던 어느 날 _____ 하자, 경현이는 지각도 하지 않고 스스로 학교에 갈 수 있게 되었습니다.

● **경현이는 어떠한 방법으로 지각을 하지 않을 수 있었을까요?**
만약, 나라면 어떤 방법을 이용할 수 있을까요? 가능한 방법들을 적어봅시다.

> 마음을 먹고 실천을 한다는 것은 　　　　　 의 문제만이 아니라 적절한

　　　　　 이나 요령이 필요합니다. 시간관리도 마찬가지입니다.

시간관리를 위해 계획을 세우고 실천하기 위해서도 효과적인 　　　　 을 배우는 것이 중요합니다.

시간관리 실천력을 높일 수 있는 방법 –
계획표 점검하기

주기적으로 계획표를 점검하다 보면 내가 잘하는 점과 잘 못하는 점에 대해서 알 수 있게 됩니다. 이를 다음 계획표에 반영한다면 계획을 실천할 수 있는 가능성은 더욱 높아질 수 있습니다.

계획표 점검하기 1단계 "계획표의 형식적인 측면 점검하기"

단계	내용	확인 아니다	확인 그렇다
〈1단계〉 기본시간표	· 이름, 날짜, 자신의 목표를 기록했는가?	0	1
	· 고정된 활동만 기록되어 있는가?	0	1
	· 테두리와 색을 사용해서 알아보기 쉽게 그렸나?	0	1
	· 골든타임을 색칠했는가?	0	1
	· 가용시간은 정확히 계산되었는가?	0	1
	· 가용시간을 바탕으로 이번 주의 목표 학습 시간을 정했는가?	0	1
〈2단계〉 주간계획표	· 우선순위에 맞게 기록했는가?	0	1
	· 숙제 및 기타 공부를 기록했는가?	0	1
	· 각각의 공부시간을 적었는가?	0	1
	· 총공부시간이 목표시간과 같거나 많은가?	0	1
〈3단계〉 일일계획표	· 그날 해야 할 공부를 빠짐없이 기록했는가?	0	1
	· 기본시간표에 있는 골든타임 위주로 공부시간을 결정했는가?	0	1
	· 시작 시간과 끝 시간을 적었는가?	0	1
	· 구체적인 분량을 결정했는가?	0	1
	· 토막시간을 활용하기 위해 계획을 세웠는가?	0	1
	· 공부를 마친 후 하고 싶은 일들은 무엇이 있는지 기록했는가?	0	1

총 점수 :

잘된 점	개선해야 할 점

✌ 계획표 점검하기 2단계 　　"계획표의 내용적인 측면 점검하기"

● **성취도 계산하기**

계획을 세우는 것보다 더 중요한 것은 실천하는 것입니다. 한 주에 내가 계획한 것들을 지킨 정도를 성취도라고 하며, 일일계획표를 가지고 계산합니다. 계산식은 다음과 같습니다.

$$\frac{\text{실제로 지킨 일일계획의 개수}}{\text{이번 주 전체 일일계획의 개수}} \times 100(\%)$$

> 이번 주 나의 성취도 : _____ %

> 다음 주 성취도 목표 : _____ %

● **실제 공부시간 계산하기**

실제 공부시간은 학습량의 가장 대표적인 지표입니다. 아래와 같은 방법으로 구할 수 있으며 실제적인 학습 시간의 양이 얼마나 늘고 있는지를 볼 수 있습니다.

실제 공부시간 = 한 주간 실제로 지킨 일일계획 시간의 전체 합
(주의! 실천하지 않은 계획표의 시간은 빼야 합니다.)

> 이번 주 나의 실제 공부시간 : _____ 시간 _____ 분

> 다음 주 공부시간 목표 : _____ 시간 _____ 분

● 성취도와 실제 공부시간을 그래프에 표시하기

앞에서 계산한 성취도와 실제 공부시간을 플래너 앞부분에 있는 성취도 그래프에 한 눈에 잘 보이도록 표시해봅시다. 그래프는 눈에 잘 보이는 곳에 붙여두고 매주 표시 하도록 합니다.

다음은 플래너 앞부분에 있는 그래프에 표시한 예시입니다.

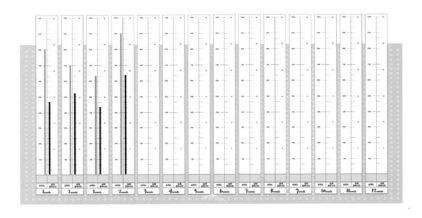

제시된 형식 외에도 나에게 맞는 그래프를 만들어 사용할 수도 있습니다.
아래는 다른 양식의 그래프를 사용한 예시입니다.

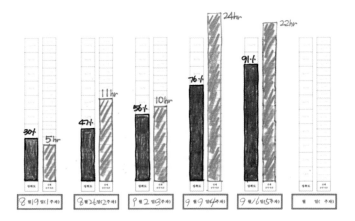

✋ 계획표 점검하기 3단계   "시간관리를 하면서 어려웠던 점 토론하기"

계획표를 만드는 일과 지키는 일은 별개입니다. 계획표를 세우는 것보다는 그것을 지키는 것이 더 어려운 일이며, 실천을 위해서는 마음가짐뿐 아니라 적절한 방법과 요령도 중요합니다.

● **내가 시간관리를 하면서 어려웠던 점을 3가지 적어보세요.**

> 1.
>
> 2.
>
> 3.

● **이번에는 주변 친구들과 상의하여 시간관리를 하면서 공통으로 경험했던 어려웠던 점 2가지를 적고, 각각에 대한 해결방법을 찾아봅시다.**

> · **어려웠던 점 :** _____
>
> > ❯ 해결방법은?
>
>
> · **어려웠던 점 :** _____
>
> > ❯ 해결방법은?

효과적인 실천전략

● 효과적인 실천전략이란?

다음 중 효과적인 실천전략을 잘 알고 있는 학생은 누구일까요?
왜 그렇게 생각하나요?

준이

준이는 평일에는
저녁 8~9시에
집중이 잘됩니다.
그래서 이 시간을
중심으로 계획을 세우기로 했습니다.

윤주

윤주는 매달 자신의
계획을 가족들에게
공개합니다.

찬우

찬우는 앉은 자리에서
한 번에 끝내는 것이
좋다고 생각하기
때문에 적어도
2시간 이상으로
계획을 세웁니다.

동수

동수는 평소 자기가
실천한 것과
그렇지 않은 것을
체크합니다.

민재

민재는 계획표를 잘 실천하면
그냥 넘어가지만, 제대로
지키지 않았을 경우에는
스스로에게 벌을 주기로
했습니다.

혜리

혜리는 계획표를 세우면서
실패할 수 있는 모든
가능성에 대해 미리
생각합니다.

● 아래에 제시되는 몇 가지 방법들은 간단하면서도 실천도를 높이는 효과적인
  전략들입니다.

실천도를 높이는 전략

- 계획표를 눈에 잘 보이는 곳에 붙여 놓는다.
- 계획을 세웠음을 주변 사람들에게 알린다.
- 하루 전에 내일 해야 할 일들을 미리 정해 놓는다.
- 먼저 숙제와 공부를 한 다음 논다.
- 계획을 세울 때는 되도록 분량을 작게 나누어 세운다.
- 계획표를 잘 지켰을 때에는 자신에게 상을 준다.

● 앞에서 배운 내용들을 참고하여 나에게 가장 적당한 방법들을 생각해보고 빈칸에 적어
  봅시다.

● 성공적인 시간관리를 위한 주의사항

내가 세운 계획표를 실천하여 시간관리를 제대로 한다는 것은 어려운 일입니다. 처음에는 내 마음처럼 잘 안되고 시간관리에 실패하기도 쉽지만, 중요한 것은 쉽게 좌절하거나 포기하지 않고 꾸준하게 시간관리를 실천해보는 것입니다.

다음은 성공적인 시간관리를 위해 명심해야 할 사항들입니다.

> 시간관리를 실패하는 대부분의 원인은   계획 때문이다.
> 처음부터 욕심부리지 않는다.

>   는 당연한 것이다.
> 다만 어떻게 하면 성공할 수 있을지 늘 고민한다.

>   와   시간도 미리 계획한다.
> 그러기 위해서 평소 시간을 아껴서 사용해야 한다.

> 계획표는 적어도   전에 만들어야 한다.

> 적어도   개월 정도는 사용해야 시간관리가 습관으로 자리 잡는다.

토막시간 활용하기

● 토막시간의 의미

옷감을 가지고 재단을 하다 보면 남는 끝 부분의 천을 '자투리 천'이라고 합니다. 사실 자투리 천만 가지고서는 별 소용이 없지만 이것들을 모아서 예쁜 조각보, 옷, 가방 등을 만들 수 있습니다.

이처럼 별 쓸모없는 것들을 모아 좋은 결과를 낼 수 있는 것으로 어떤 것들이 있을까요?

● 다음의 사례를 읽어봅시다.

하늘이는 남들보다 뚱뚱한 몸이 늘 고민입니다. 늘 다이어트를 하겠다는 결심을 하고 운동을 하겠다는 목표를 세우지만, 학교, 학원 수업을 마치고 집으로 돌아오며 '시간이 없으니까 운동은 못해.'라고 스스로에게 말했습니다. 어느 날, 30분씩 출퇴근길을 걸어 다니는 언니를 보며, 하늘이는 자신도 학교를 오갈 때 30분씩 걸어 다녀야겠다고 다짐을 했습니다. 그 후 비가 와도, 귀찮아도 늘 등하교 길을 걸어 다녔고, 3개월간 목표했던 체중을 감량할 수 있었습니다. 하늘이는 늘 30분 이상 소요되던 통학시간을 자신만의 운동시간으로 만들어 목표를 달성한 것입니다.

하루를 살다 보면 어떤 일과 일 사이에 내가 특별히 활용하지 못하는 짧은 시간들이 많이 있는데, 이를 '토막시간'이라고 합니다. 이 시간들을 모아서 활용하면 놀라운 힘을 발휘하게 됩니다. 여러분들도 하늘이처럼 틈틈이 남는 시간을 활용해서 원하는 결과를 만들어 낸 경험이 있나요?

나의 토막시간 찾아보기

나의 토막시간 찾아보기

토막시간의 양은 사람마다 다르지만 바쁜 우리에게 쓸 만한 시간들이 숨어 있다는 것은 꽤 기분 좋은 일이지요. 그리고 이 중 일부를 중요한 일에 사용한다면, 그만큼 자유시간도 늘어나게 된답니다.

우리에게는 얼마만큼의 토막시간들이 있는지 생각해 봅시다.

토막시간의 종류	하루 평균 시간
· 학교 쉬는 시간	분
· 점심 식사 후 남는 시간	분
· 통학 시간	분
· 친구 기다리는 시간	분
· 그 외 :	분
· 그 외 :	분
하루 총 토막시간 :	분 (시간 분)

토막시간 활용 방법

토막시간을 계산해보니 어떤가요? 생각보다 꽤 많은 시간들이 숨어 있지요? 토막시간들은 모두 이어 붙일 수 없기 때문에 조금 다른 시간 활용법을 찾아봐야 합니다. 효과적으로 토막시간을 사용할 수 있는 방법을 생각해봅시다.

ex 수학 공식 암기하기 / 영어 MP3 파일 듣기

여가시간 활용하기

● **여가시간(휴식과 놀이)의 중요성**

시간관리에서 가장 중요한 것은, 나의 공부 목표를 이루기 위해 효율적으로 시간을 사용하는 것입니다. 그래서 미리 계획표도 짜고, 얼마나 실천했는지 점검도 합니다. 그렇지만 계속해서 공부만 하는 것은 불가능한 일입니다. 적당한 휴식과 놀이 역시 공부만큼 중요하고 필요한 일이며, 어떤 면에서는 공부의 연장으로도 볼 수 있습니다.

그렇다면, 잘 쉬고 잘 노는 것이 공부에 어떻게 도움이 될 수 있는지에 대해 생각해봅시다.

> **ex** 스트레스가 해소된다. 그래서 더 집중해서 공부할 수 있다.

● **여가시간에 할 활동 계획하기**

무엇을 해야 여가시간을 즐겁게 보낼 수 있을까요? 혹시 컴퓨터 게임이나 TV 보기를 생각했나요? 물론 이것도 좋은 놀이이기는 하지만, 심리학자들의 연구 결과에 따르면 지나친 TV 보기나 게임은 오히려 우울한 기분을 일으켜 공부에 방해가 된다고 합니다.

늘 하는 놀이 말고, 기분 전환에 도움이 될 만한 활동에는 무엇이 있을지 생각해봅시다.

> **ex** 강아지랑 산책하기, 친구들과 운동하기

여가활동 목록 만들기

 여가활동 목록을 공개합니다!

● 아래에 나와 있는 여러 여가 활동들을 천천히 살펴본 뒤, 나에게 가장 적당할 것 같은 활동을 몇 가지 골라 봅시다.

항목	∨표
· 반신욕하기	
· 물건 수집하기(동전, 우표...)	
· 미래 상상하기	
· 오래된 물건 정리하기	
· 영화 보기	
· 조깅이나 걷기	
· 음악 듣기	
· 라디오 듣기	
· 사진 보기	
· 잡지나 신문 보기	
· 취미활동하기	
· 요리해서 먹기	
· 집안 청소하기	
· 식물 가꾸기	
· 연기하기	
· 춤추기	

항목	∨표
· 봉사활동하기	
· 운동하기	
· 노래하기	
· 종교활동하기	
· 십자말 풀이하기	
· 그림 그리기	
· 자신의 장점 생각해보기	
· 악기 연주하기	
· 누군가에게 줄 선물 만들기	
· 책 읽기	
· 자전거 타기	
· 스포츠 관람하기	
· 사진 찍기	
· 애완동물과 놀아주기	
· 행복했던 일 기억하기	
· 카드놀이	

> 나에게 적당한 여가활동은?

> 그 활동을 구체적으로 언제, 어떻게 할까?

시간관리 방법 전체 복습

★ 시간은 눈에 보이지는 않지만, 돈이나 천연자원과 같은 경제적 [   ]를 가지고 있습니다. 하지만 시간이라는 자원은 다른 자원과 달리 [   ]을 할 수 없습니다.

★ 시간을 [   ] 하게 되면, 해보기 전에는 경험할 수 없는 여러 가지 실제적인 장점이 있습니다. 성공적인 시간관리를 위해서는 먼저 현재 자신의 상태를 파악하는 것이 중요합니다.

★ 시간관리를 잘하려면 행동으로 옮길 수 있는 명백한 [   ]가 있어야 합니다.

★ 우선순위를 고려해서 할 일 목록(to-do list)을 만들면, 시간을 더 효율적으로 사용할 수 있고 나에게 중요한 공부를 놓치지 않고 할 수 있습니다.

★ 하루 일과 중 적지 않은 토막시간이 있습니다.

토막시간을 요령껏 사용하면 [   ]이 늘어납니다.

★ 계획표를 실천하는 능력은 의지와 동기에만 좌우되지 않습니다.

나만의 효과적인 [   ]을 개발해야 합니다.

과 제

일주일간 공부 계획표 실천하고 점검하기

‒ 한 주 동안의 계획표를 작성하고 실천한 뒤, 이를 점검해봅시다.

▶ 한 주 동안의 주된 공부 계획은?

▶ 성취도는 몇 %인가요?

%

▶ 일주일간 실제 공부시간은 얼마나 되나요?

시간   분

▶ 계획표를 실천하면서 잘했거나 아쉬웠던 점은?

여가시간 활용 계획 세우기

▶ 이번 주에 해보고 싶은 즐거운 활동은 무엇인가요?

▶ 그 활동은 언제, 어떻게 할 생각인가요? 구체적으로 적어봅시다.

핵심단어	수업내용 정리

핵심단어	수업내용 정리

핵심단어	수업내용 정리

핵심단어	수업내용 정리

핵심단어	수업내용 정리

핵심단어	수업내용 정리

핵심단어	수업내용 정리

핵심단어	수업내용 정리

☞ 저 자 소 개

박동혁

현) 심리학습센터 '마음과배움' 소장
　　아주대학교 교육대학원 겸임교수
심리학박사(임상심리학 전공)
아주학습능력개발연구실(ALADiN) 운영
강남 삼성의료원 정신과 인턴
아주대학교 본교/의과대/교육대학원, 성균관대학교, 한양사이버대학교 출강
한국산업기술재단 연구기획위원회 자문위원
iMBC 청소년 학습전략캠프 사업 주관
EBSi, 서울시/부산시/인천시 교육청 LAMP-On 프로그램 보급
서울시 교육청 자기주도학습 프로그램 보급 사업 주관
한국행동분석연구소 자문교수
한국특수아심리상담학회 이사

〈저서 및 연구〉

『최강공부법』(웅진씽크하우스, 2006)
『좋은 공부습관 만들기 워크북』(KPTI)
램프학습플래너(EBS)
MLST 학습전략검사(가이던스)
AMHI 청소년인성건강검사(가이던스)
KMDT 진로진학 진단검사(진학사)
LMDT 학습동기검사(진학사)
「학습습관향상 프로그램이 청소년의 학업성취와 정신건강에 미치는 효과」(2000)
「청소년 정신건강의 사회적 요인」(2002)
「대학생 시간관리 행동 척도의 개발과 타당화」(2006)
「예방과 촉진을 위한 청소년 정신건강 모형의 탐색」(2007)

LAMP WORKBOOK
PART 2 TE
시간관리 능력 향상프로그램 (학생용)

2014년 5월 15일 1판 1쇄 발행
2023년 6월 20일 1판 7쇄 발행

지은이 • 박 동 혁
펴낸이 • 김 진 환
펴낸곳 • (주) **학지사**
　　　　04031 서울특별시 마포구 양화로 15길 20 마인드월드빌딩 5층
대표전화 • 02) 330-5114　　　팩스 • 02) 324-2345
등록번호 • 제313-2006-000265호
홈페이지 • http://www.hakjisa.co.kr
페이스북 • https://www.facebook.com/hakjisabook

ISBN 978-89-997-0405-5 04370
　　　 978-89-997-0401-7 (set)

정가 8,000원

출판미디어기업 학지사

간호보건의학출판 **학지사메디컬** www.hakjisamd.co.kr
심리검사연구소 **인싸이트** www.inpsyt.co.kr
학술논문서비스 **뉴논문** www.newnonmun.com
원격교육연수원 **카운피아** www.counpia.com

Page 33
우선순위 세우기 연습 스티커

친구들과 농구하기   학원 숙제   컴퓨터 게임

중간고사 준비   낮잠   친구 문자에 답장하기

오늘 밤에 하는 TV 드라마 보기   내일까지 내야 하는 학교 숙제   수학 오답노트 정리하기

빈둥거리기   영어 단어 외우기   간식 먹기

다음 주에 있을 수행평가 준비   씻기   내 성적을 갉아먹는 사회, 교과서로 복습하기